作者 **徐寶泫**（Bo-Hyeon Seo）

大學主修兒童學，曾從事童書的製作，寫作經驗長達十年。最大的夢想就是，繼續寫出如同小時候廢寢忘食看過的許多書一樣，充滿兒童想像力的作品。

繪者 **林光熙**（Gwang-Hui Im）

大學主修視覺設計，曾以自創的繪本作品《秋天運動會》入選第二屆韓國CJ國際繪本大賞。

監修 **梁香子**

高麗大學環境科學研究所食品加工學碩士班畢業，曾任信興大學飯店烹飪系和日本川口藝術學校客座教授。現任瑞靖大學飯店烹飪系兼任教授、中國山東旅遊學院、青島酒店管理學院及商學院客座教授，並以世界飲食文化研究院理事長與農林水產食品部韓食全球化研討會委員身分，成為國內外飲食研究的先驅。此外，還同時經營飲食和食品調理師養成機構「梁香子食物&調理學院」，致力於培養後輩人才。

譯者 **曹玉絢**

政治大學中文系畢業，曾任出版社編輯，現專事韓文著作翻譯。譯有《想飛的母雞》、《白雲麵包》、《小學生必修學院》、《成功孩子必讀世界偉人傳記》、《少年科學偵探CSI》等系列叢書。

愛Cook

提蒂安的禮物

2013年7月初版　　　　　　　　　　定價：新臺幣320元
2021年12月初版第三刷
有著作權‧翻印必究
Printed in Taiwan.

著　　者　徐　寶　泫
繪　　者　林　光　熙
譯　　者　曹　玉　絢
叢書主編　黃　惠　鈴
編　　輯　張　倍　菁
整體設計　freelancerstudio

出　版　者　聯經出版事業股份有限公司
地　　　址　新北市汐止區大同路一段369號1樓
叢書主編電話　(02)86925588轉5313
台北聯經書房　台北市新生南路三段94號
電　　　話　(02)23620308
台中分公司　台中市北區崇德路一段198號
暨門市電話　(04)22312023
郵政劃撥帳戶第0100559-3號
郵撥電話　(02)23620308
印　刷　者　文聯彩色製版印刷有限公司
總　經　銷　聯合發行股份有限公司
發　行　所　新北市新店區寶橋路235巷6弄6號2F
電　　　話　(02)29178022

副總編輯　陳　逸　華
總　編　輯　涂　豐　恩
總　經　理　陳　芝　宇
社　　長　羅　國　俊
發　行　人　林　載　爵

行政院新聞局出版事業登記證局版臺業字第0130號

本書如有缺頁，破損，倒裝請寄回台北聯經書房更換。　ISBN　978-957-08-4210-4 (精裝)
聯經網址 http://www.linkingbooks.com.tw
電子信箱 e-mail:linking@udngroup.com

提蒂安的禮物

作者／徐寶泫　繪者／林光熙
監修／梁香子　譯者／曹玉絢

「大家好！」

很高興認識你們！我是提蒂安。

我的爸爸是種稻的農夫，

媽媽和我在河上賣水果。

大家想不想知道，

今天我和媽媽為辛苦的爸爸準備了什麼禮物呢？

越南因陽光強烈，當地人都會戴上別具傳統特色的「斗笠」。農夫在田裡工作時，也會戴著用椰葉編成的斗笠。

天還沒亮，媽媽就叫醒我。
「提蒂安，趕快起來，早點去才能占到好位置。」
我連忙起床，將水果簍搬到船上。
媽媽用力划起船來，隨著嘎吱作響的划槳聲，
像我們一樣載著水果、蔬菜、鮮花的船隻，
紛紛聚集到水上市場上。

在船上賣東西的小販，除了蔬果和海鮮外，還兼賣麵食等小吃。

5

只見水上市場已有許多船隻占好位置，

還有小販開始賣起東西，

而充滿好奇的觀光客們也正在東張西望。

「您好，阮阿姨！」

「哎呀，提蒂安！一大早就來幫媽媽的忙啊，真的好乖喔！」

阮阿姨一邊摸摸我的頭，一邊將越式三明治遞過來，

並告訴我說，早餐一定要吃飽，才有精神做好生意。

越南的早餐

大部分的越南人都是在外面用過早餐後，才去上學或上班，以致每天黎明時分，大街小巷到處都可以看到賣早餐的店。越南人最常吃的早餐有「糯米飯」，以及將雞蛋、黃瓜等材料夾在法國麵包中做成的「越式法國三明治」。

「快來買水果唷！這裡有新鮮又香甜的水果。」

媽媽和我拉開嗓門大聲叫賣。

可惜的是，大家卻只看不買。

「要全部賣完，才有辦法買肉……。」

媽媽不禁嘆了一口氣。

爸爸每天忙著種田，實在太辛苦了，

媽媽很想為他煮一碗牛肉湯米粉。

水上市場在中午之前就會收攤，

若是沒賣完的話，又得全部搬回家去。

東西全賣完的船隻陸續離開水上市場，

阮阿姨也賣完東西回家去了，

只有我們連一半水果都沒賣掉。

「我們的水果明明又新鮮又好吃，為什麼賣不出去呢？

　難道是選的位置不對嗎？」

這時，有位身材高大，臉色白皙的老爺爺走過來。

越南有許多香甜好吃的水果，其中「紅毛丹」的外型像
是長滿毛的紅色桃子，果肉則呈白色，味道十分清甜。

老爺爺一直站在水果攤前看來看去。

「小妹妹，那紅毛丹可不可以讓我看一下呢？」

老爺爺又繼續叫我拿別的水果給他看。

雖然媽媽對他很親切，但我卻不安起來，

「他會不會看了半天都沒買，就這樣走了啊？」

「太好了！果然都很新鮮，這船上的水果我全要了！」

原來這位老爺爺是市內新建大飯店的主廚，

專程到市場來買水果的。

荷包賺飽後，媽媽和我隨即趕去買菜。

只見市場內擠滿人潮，此起彼落的買賣聲不絕於耳。

媽媽先去買蔬菜，

「請給我竹筍，還有新鮮的空心菜。」

然後，我們又去買了裝在大木桶中的魚露，

「提蒂安，魚露一定要買顏色深又濃稠的才行，

　　就算價格比顏色淺的貴一點也值得。」

媽媽接著又買了清香的香菜、檸檬和米粉，

以及煮湯用的骨頭和牛肉，菜籃一下子就裝滿了。

「提蒂安，我們在這裡吃過午餐，再回去吧！」

媽媽和我走到位於市場盡頭的小吃攤。

「媽媽，炸春捲！我要吃炸春捲。」

「嗯，炸春捲和生春捲各點一份，再加個煎蝦餅好了！」

媽媽和我好久沒吃到如此豐盛的午餐，

那香郁酥脆的口感，吃起來格外美味。

隨著徐徐微風拂面吹來，滿身汗水也被吹乾了。

越南料理

生春捲：將蔬菜、肉類、蝦子等材料直接用米紙包起來
　　　　吃，又稱為越式春捲。

炸春捲：將生春捲油炸至酥脆，吃起來有點像鍋貼。

越式煎蝦餅：將絞肉、綠豆芽、蔬菜、海鮮等材料加入用
　　　　　　米磨成的粉漿中，煎成金黃酥脆的餅狀。

我們提著菜籃走在回家的路上，

看到許多身穿長衫，剛上完課的女學生們，

騎著腳踏車穿梭在車陣中。

「啊，我也好想穿著長衫去上學喔！」

我呆呆的望著女學生們，

媽媽似乎看出我的心思，笑著對我說：

「提蒂安，我和妳爸爸一直都很努力工作，

等妳明年開始上學後，一定要好好讀書喔！」

越南人最常用的交通工具是腳踏車和摩托車，因為汽車太貴，而大部分道路狀況不佳也是原因之一。因此每到上班時間，馬路上總是擠滿了騎腳踏車或摩托車的人潮。

19

爸爸快要回來了，

媽媽一回到家，就立刻圍上圍裙，

「我要趕緊煮高湯囉！」媽媽忙碌的煮起高湯，

將骨頭和牛肉放入冷水中浸泡，去除血水後，

再加入可以去腥的蔬菜，一起燉煮就行了。

然後，媽媽又趁空檔把香菜、檸檬、綠豆芽準備好。

「提蒂安，幫我洗一下高麗菜好嗎？」

我連忙挽起袖子，動手洗起菜來。

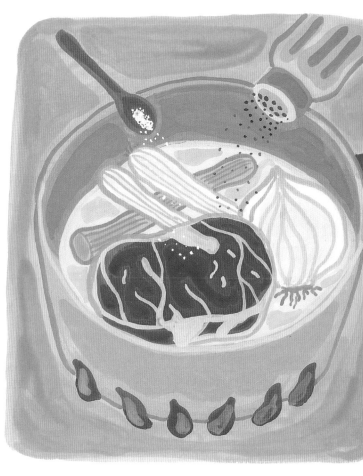

高湯煮滾後，

整個廚房充滿了肉湯的香味。

我打開用香蕉葉包著的米粉，

經過日曬風乾的米粉，散發著透亮的光澤。

「提蒂安，幫我把米粉用溫水泡開好嗎？」

媽媽邊切洋蔥邊對我說。

我將米粉泡軟後，放入滾水中煮熟，

再把煮好的米粉裝入大碗中。

「希望爸爸能在米粉變爛前回來！」

我聞著那香噴噴的味道，忍不住猛吞口水。

爸爸終於結束工作回到家裡了。

「提蒂安，我回來囉！我在河的對岸都聞得到這股香味呢！。」

爸爸先到神桌前上香磕頭，

感謝祖先保佑，今日也平安度過一天。

媽媽和我連忙開始布置餐桌。

我們先將洋蔥、薄荷、檸檬汁、香菜等材料，

鋪在牛肉湯米粉上。

又把切碎的洋蔥、用西洋菜拌好的沙拉、已調好的魚露，

還有一盤乾辣椒、胡椒與萊姆端到餐桌上；

而茶壺內則裝滿熱茶，正不斷向外冒著熱氣。

現在只要坐下來品嚐就行了。

吃牛肉湯米粉時，可以加點辣椒和萊姆來提味，

爸媽比較偏愛辣味，我卻喜歡吃酸一點的。

「啊，真爽口，感覺精神都變好了！」

爸爸先嚐了一口湯，大聲稱讚好吃，

我也跟著開心起來。

今天的米粉比平常都還要美味。

越南的餐桌禮儀

在越南不可以用筷子直接夾菜，通常用餐時，除了提供個人使用的餐盤外，每一道菜還會另外準備一雙筷子，也就是所謂的「公筷」，以方便大家取用。而且必須等年紀最大的長輩動筷後，其餘人才能開動。用筷子直接夾菜在越南被視為有失禮節，但他們卻不在意吃飯發出聲音。

吃完米粉後，媽媽端出在香甜的椰奶中，

加入香蕉做成的甜點和咖啡。

爸爸將香濃的煉乳倒入咖啡中，邊喝邊說：

「雖說有祖先的庇佑，

　　但還是希望別再下雨了，否則就完蛋啦！」

前陣子下了太多雨，造成河水暴漲，

以致爸爸辛苦種下的稻子全被淹沒了。

媽媽握住爸爸的手，安慰他別擔心。

我也虔誠的向祖先祈禱，

希望河水別再氾濫成災。

今天是爸爸負責洗碗。

明天一早，媽媽和我又要去市場工作，

我們必須提前把水果整理好，

放在玄關門前，以方便搬運到船上。

「提蒂安！有妳在我身邊，真是太好了。」

媽媽將我緊緊擁入懷中。

於是，我聽著外面傳來的潺潺河水聲，

逐漸進入夢鄉。

越南

首　　都：河內
語　　言：越南語
自然環境：越南境內多為山地，但南部的湄公
　　　　　　河下游處卻有遼闊的平原。越南的
　　　　　　氣候可分為炎熱多雨的雨季、乾燥
　　　　　　少雨的旱季兩大類型，通常夏天既
　　　　　　漫長又炎熱潮濕。

黃色金星代表越南共產黨，紅色代表
革命和勝利。

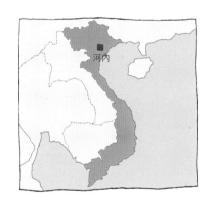

越南在哪裡？

越南位於亞洲的東南側，北與中國接壤，西和寮
國、柬埔寨交界，東臨太平洋。

越南有哪些人？

大多數越南人都屬於京族，此外還有岱依
族、芒族、占族等五十三個少數民族；隨
著地域不同，長相和膚色也有些許差異。

下龍灣

湄公河的熱帶雨林

越南有哪些名勝古蹟？

首都河內不僅擁有兩千多年歷史，也是一座傳統和現代兼容並蓄的城市。距離河內不遠處的下龍灣內，散布著數千座島嶼和礁石，形狀大小各異，隨著觀看角度和光線的不同，色彩瞬息萬變的絕美奇景，更是令人嘆為觀止。

越南南部，流經亞洲多國的湄公河下游三角洲一帶，土壤相當肥沃，盛產稻米，也讓越南成為世界主要的稻米生產國。此外，觀光客還可以搭船沿著湄公河順流而下，沿途欣賞茂密的熱帶雨林。

越南人穿的是什麼衣服？

越南天氣十分炎熱，陽光又很強烈，若穿短袖衣褲，皮膚很容易被曬傷。因此越南人便設計出一種可遮住全身，但腰部以下開高衩，內著寬鬆長褲，穿起來輕盈透氣的衣服，也就是越南的傳統服飾——長衫。隨著時代的變遷，現在除了女學生所穿的白長衫校服外，這種長衫也是越南女性的日常服飾，而男性只有在婚禮或特別的日子才穿。

身穿長衫的女學生

東南亞的飲食文化

東南亞泛指分布於亞洲東南部的國家，其中包括越南、寮國、柬埔寨、泰國、緬甸、馬來西亞、新加坡、印尼、菲律賓等國，而這些國家的飲食文化也大同小異。

相似的飲食文化

大部分東南亞國家都以米食為主，並熱愛蔬菜料理。用餐時，習慣把所有菜餚一次擺上桌，筷子的使用率也很高。

這些國家的飲食文化之所以如此相似，除了彼此地理位置接近，互相影響深遠外，另一個原因就是，中國的飲食文化自古就流傳到鄰近國家，因此不只是東南亞，連韓國、日本都和中國的飲食文化極為相似。

不同的飲食文化

每個國家都有獨具特色的美食，像是越南因天氣炎熱，比起油膩的食物，當地人更喜歡吃清淡的食物。而且為了提振食慾，往往會在料理中，加入大量的新鮮檸檬、萊姆等具有酸味的水果和辛香料。

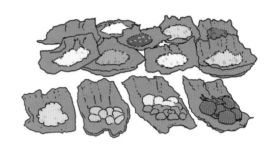

泰國

泰式酸辣湯是用蝦子等海鮮，加上大量辛香料烹煮而成，味道酸辣可口，也是外國人最喜歡的泰國料理。

泰國料理雖然和越南料理十分類似，但辣味卻更勝一籌。當地人除了喜歡用椰子做菜外，因為海產豐富，各式各樣的海鮮料理更是多不勝數。

印尼

印尼炒飯是在米飯中加入許多海鮮或肉類、蔬菜、辛香料一起快炒而成。

印尼因天氣酷熱，湯汁較多的料理極易腐壞，烹調方式多以燒烤或快炒為主。此外，印尼也是肉豆蔻、丁香等香料的原產國，經常會使用各種香料來調味。

菲律賓

菲律賓滷肉是一道以雞肉、豬肉或烏賊等材料，加入各種調味料燉煮至湯汁收乾的家常菜。

不過，相較於加了許多辛香料，味道強烈的食物，菲律賓人更喜歡吃油膩的食物。尤其用雞肉或豬肉等肉類做成的料理，更是深受當地人的喜愛。

動手做牛肉湯米粉

清爽可口的米粉，不但富含各種營養成分，
也是舉世聞名的健康食品。
無論是用海鮮或肉類，皆可享受到不同的風味。
大家一起來做做看營養豐富又好吃的米粉吧？

準備材料

米粉400公克、牛里肌肉120公克、綠豆芽200公克、
洋蔥絲1/2顆、辣椒末、香菜少許、海鮮醬、辣椒醬適量

高湯：牛骨1公斤、牛腩400公克、八角3粒、桂皮1片、
　　　薑1片、洋蔥1/2顆、水10杯、鹽、胡椒少許

 料理步驟

❶ 將牛骨和牛腩用冷水浸泡約1小時，以去
除血水，並把煮湯用的洋蔥與薑稍微烤一
下。

❷ 將牛骨、牛腩跟其他煮湯用的材料一
起放入水中，燉煮約1小時後，加入
鹽、胡椒調味。

❸ 將洋蔥和煮好的牛里肌肉切成適當大
小，綠豆芽洗淨，米粉用水泡開後煮
熟。

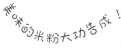

❹ 把米粉、牛里肌肉裝入碗中，澆上高
湯後，再鋪上綠豆芽和洋蔥即可。另
將辣椒末、香菜、海鮮醬及辣椒醬拌
勻裝盤，以方便沾取醬汁。

美味小叮嚀！

吃米粉時，最好先把綠豆芽泡在碗底，用
熱湯慢慢燙到適當的軟度，吃起來才更加
美味。這種以牛骨和牛肉熬成的高湯，最
適合搭配清脆爽口的綠豆芽一起食用。

美味的米粉大功告成！